AF315945

LES CAMPAGNES

DE

LOUIS XIII EN LORRAINE

ÉCRITES DE SA PROPRE MAIN

PAR M. J.-A. SCHMIT

Membre de la Société,
Bibliothécaire au Département des Imprimés de la Bibliothèque Impériale,
et Membre honoraire de la Société littéraire
de l'Université Catholique de Louvain.

NANCY,
CHEZ LUCIEN WIENER, LIBRAIRE,
RUE DES DOMINICAINS, 53.

1868

Extrait des Mémoires de la Société d'Archéologie Lorraine.

LES CAMPAGNES

DE

LOUIS XIII EN LORRAINE

ÉCRITES DE SA PROPRE MAIN.

Parmi les manuscrits provenant de la Bibliothèque de Philippe de Béthune, frère de Sully, et donnés au Roi par son fils Hippolyte en 1663, on trouve sous le n° 3840 du Fonds-Français un volume in-fol. assez mince, relié comme tous ses pareils en maroquin rouge, tranches dorées, avec les armes du propriétaire sur les plats, et son chiffre sur le dos et dans les angles. C'est le récit des expéditions militaires de Louis XIII, depuis le 11 septembre 1633 devant Nancy, jusqu'au 14 juin 1642 devant Perpignan ; le tout rédigé par le Roi lui-même, et, sauf de rares exceptions, entièrement écrit de sa propre main.

L'œuvre royale se compose de 142 feuillets chiffrés et montés, alternativement écrits et laissés en blanc, Sa Majesté ayant négligé d'ordinaire la seconde moitié de son papier. Entre les feuillets 53 et 54, on a sauté par distraction, en numérotant le volume, une de ces moitiés demeurées en doublure ; mais, par compensation, on a dû bisser les feuillets 1, 34, 98 et 135. Le tout a été intitulé par son heureux possesseur : *Relations particulieres fort curieuses escrittes de la main du Roy Louis 13me qu'il faisoit de temps à autre et qui mont esté données par monsieur Lucas secretaire de son Cabinet, auec beaucoup dautres Lettres et papiers bien curieus* (ces deux derniers mots en interligne) *apres la mort dudit Roy, qui estoient dans la cassette que sa Maiesté faisoit tousiours porter auec elle.* Ces renseignements sont si précis, qu'ils nous dispensent de tous autres détails sur l'origine et l'histoire du royal autographe.

Au-dessous de cet intitulé, et, comme lui, au verso du folio 1, le donataire a collé un billet de Louis XIII, écrit pendant et à l'occasion de son retour à Saint-Germain, après le siége de Nancy, et que l'on nous saura d'autant moins mauvais gré de reproduire, qu'il est très-court : *Mr de Saligny, je ne say encor si je marcheray aujourdhuy a cause du mauuais temps, cest pourquoy vous ne bougerés de vostre cartier, et enuoyeres icy sauoir ce que vous aurés a faire Fait a Gandelus ce 20me octobre 1633* LOUIS.

Outre son intérêt direct, qui est considérable, le ma-

nuscrit nous révèle une particularité assurément fort
inattendue et très-piquante des habitudes de Louis XIII.
Le Roi était journaliste ; et le journaliste, tout roi qu'il
était, *passait à la censure.* Les deux faits ressortent, je
crois, d'une manière incontestable, de l'étude de ces
feuillets tombés de la main du second des Bourbons, et
traités par lui avec le même soin jaloux que le divin Ho-
mère par le grand Alexandre. Les *Relations particu-
lières* ne sont ni plus ni moins que des *articles* destinés
à la *Gazette,* et en effet insérés par elle, avec certaines
appropriations qui ne les rendent nullement mécon-
naissables. Et comme si le royal collaborateur de Renaudot eût pris à tâche de lever à cet égard jusqu'au plus
léger doute, vous pouvez lire au folio 95 recto, écrits de
sa propre main, les mots : *Pour la Gazette,* répétés
plus loin, folio 126 idem, par celle d'un secrétaire. Des
esprits malicieux ont fait remarquer que l'éloge de Richelieu brille généralement par son absence dans la copie
manuscrite, mais qu'il arrive toujours à se glisser, on ne
sait comment, à la plus belle place dans la feuille impri-
mée. Ce n'est cependant pas là la seule, ni même la
principale métamorphose que l'*homme-rouge,* comme
disait le Duc Charles IV, faisait subir aux élucubrations
de son royal maître. Cherchez aux endroits scabreux :
Louis XIII était plus honnête que fin, et il ne manque
pas de le faire voir à l'occasion, en disant trop, ou de
travers. Mais arrive le Cardinal, qui promène impitoya-
blement son *crayon rouge* sous toutes ces maladresses,
et les repasse au roi, qui à son tour les exécute docile-
ment à la plume. Il nous paraît du moins assez difficile
d'expliquer autrement certaines corrections du manuscrit, offrant les caractères que nous venons de dire, et

dont nous aurons d'ailleurs à signaler plus loin quelques-unes.

Ces petites écoles buissonnières de Louis XIII sur les terres de Renaudot n'ont nullement échappé à l'œil clair-voyant des préposés à la garde des manuscrits de la Bibliothèque du Roi ; et ils ont même rédigé en deux feuil-lets, que l'on peut voir intercalés entre les premières gardes du livre, une sorte de table de concordance, sous l'intitulé suivant : *Indication des articles inserez dans les années 1633, 1634, 1636 et 1642 de la Gazette de France, et copiez sur les pieces contenuës dans un Manuscrit de la Bibliothèque du Roi (n° 9334 du fond de Bethune) lequel a pour titre : Relation* etc. Sur deux autres feuillets, intercalés entre les deux gardes suivantes, ils ont également consigné une *Notice pour servir a retablir dans l'ordre des dates les feuilles d'un Manuscrit de Louis 13, lequel a pour titre : Relation* etc. Mais la fortune les a mal servis pour deux menues nouvelles que l'on trouvera plus loin, et à pro-pos desquelles ils ont ajouté la note que voici : *On ne sait de quelle année sont les deux articles de la page 11. Ils sont* du camp de Maniere ce 19 *et* du camp de St Dizier ce 21 *sans datte de mois ni d'année. On les a cherchez inutilement dans les Gazettes relative-ment au temps ou le Roi etoit en Lorraine.* Si l'œil du chercheur était tombé sur les pages 556 et 557 de la *Gazette* de 1635, il y aurait trouvé tout au long, sous la rubrique des 19 et 21 septembre, les deux articles ré-fractaires.

Nous extrayons ici de l'œuvre royale les parties seulement qui concernent notre pays. Louis XIII a paru de sa personne trois fois en Lorraine : en 1632, en 1633, et

en 1635. Mais, en 1632, il ne s'était point encore épris
d'une belle passion pour le journalisme : restent donc les
campagnes de 1633 et de 1635. Nous avons trop de res-
pect pour les vieilles choses en général, et pour les choses
princières en particulier, pour nous être permis de chan-
ger quoi que ce fût à la physionomie de ces précieux
textes ; et nous nous serions montré inconséquent, si, en
respectant l'orthographe du royal narrateur, nous n'a-
vions aussi conservé religieusement l'ordre de ses récits.
La chronologie en a souffert un peu, mais il faut moins
encore pour la rétablir.

RELATION TRES PARTICULIERE DE CE QUI CEST PASSE DEPUIS
que le Card[al] duc est ariué a Charmes pour traiter
auec Mr de Loraine le 18[1] jusques a lantrée du Roy
dans la ville de Nancy[2].

Le Card[al] Duc ariua a Charmes a 7 heures du soir,
atendit le Duc le Lorainc (*sic*) jusques a neuf heures du
soir ; voyant quil ne venoit point et quil nen auoit nulles
nouuelles, se coucha et sendormit. Sur les onze heures
le Duc ariua aconpagné de 20 gentilshomes, et vint met-
tre pied a terre au logis du Card[al] Duc lequel dormoit il
y auoit 2 heures ; ses gens le voulant eueiler le Dit Duc
ne le voulut jamais permettre, se que sachant le lendemain 19[me 3] le Card[al] D se facha de quoy on ne lauoit
eueillé, et incontinant ala voir ledit Duc sur le 7 heures

1. Le Roi avait écrit d'abord : *ie* 19.

2. Tout cet intitulé a été ajouté après coup, mais toujours de la
main du Roi.

3. 19me en interligne. Le Roi avait écrit d'abord : *le* 20me.

du matin, lequel il trouua endormy et ne voulut que lon leueilast, et ala entendre la messe. En sortant de leglise il trouua ledit Duc, ou se firent grands compliments, le Card[al] voulant mener ledit Duc a son logis[1] et le Duc le Card[al] Card[al] (*sic*) au sien. Sur ses compliments quelqun dit : « M[r] de loraine na pas ouy la messe » ; surquoy le Card[al] Duc luy dit [2] : « M[r] vous feres mieux dentendre la messe et puis nous traiterons ». Il si en ala. Le Card[al] Duc auoit mis des gens pour prendre garde quand la messe seroit dite pour aler atendre M[r] de loraine en son logis ; ses gens nestans pas asés prons pour lauertir, comme il desendoit le degré il trouua M[r] de loraine en teste qui le surprit fort et luy dit : « M[r] jalois a vostre logis ». Ce passerent ladessus force complimens, et monterent en haut ou ils furent enfermés 3 heures ensemble sans rien faire. Lapres dinee ils traiterent encore pour le moin 4 heures au logis au logis (*sic*) du Card[al] D, ou ne se peurent acordér. Tout le monde croyant que tout estoit ronpu, lordre fut donne aux troupes qui estoint venues auec le Card[al] D de se tenir prestes pour sen retourner. Le lendemain matin 20[3] a neuf heures, comme le Card[4] Duc[5] vint pour dire a Dieu au[6] Duc en sont logis[7], ils parlerent quelque temps[8] ensemble, et demen-

1. Le Roi avait écrit d'abord : *chés luy*.
2. *Dit* en interligne.
3. 20 en interligne.
4. *Card* en interligne.
5. Ici les mots *de loraine* rayés.
6. Ici le mot *Card* rayé.
7. Ces trois derniers mots en interligne.
8. *Temps* en marge.

derent vne ecritoire qui leur fut aportée, et le traite fut signé à leure que les parties si atendoient le moins. A leure mesme le Card^al Duc enuoya au Roy le conte de Nogent pour luy donér auis que le traité estoit signe, et que le D de loraine seroit le lendemain apres diné aupres de Sa Mas^te ; a mesme temps le Duc fit partir le Sr de Contrison auec paseport du Card^al D pour alér a Nancy defendre sur peine de la vie que lon ne tirast point[1]. La journée finit ainsy. Le 21me le Card^al D est alé voir M^r de loraine en son logis, et de la sont partis pour venir trouuér le Roy, le Card^al D dans sa litiere et M^r de loraine dans le Carosse du Card D, ou estoit auec luy le Card^al de la Valette, le Nonce du pape et le Duc de la Valette. Comme ils ont esté proche le cartier du Roy, le Card D a monté dans son petit Carosse et est alé trouué le Roy vn moment deuant que le Duc ariuast, puis M^r de loraine est ariué, a qui le Roy a fait toutes les caresses du monde et la mené dans son petit Cabinet, ou estoit le Card^al D, M^r le garde des Seaux, de Bulion, St Chamont, Brasac et Boutilier, ou ils ont discouru quelque temps. Apres le Card^al D est sorti auec tout le conseil, et M^r de loraine est demeure auec le Roy qui la entretenu asés long temps ; Sa Mas^te voyant venir leure du Soupér luy a dit[2] : « Alés vous reposér a vostre logis » ; et la fait conduire par M^r le Premier et plusieurs autres Segneurs de la court, [il est a remarquer que ce logis est meublé de la Seconce (*sic*) Chambre du Roy honeur quil na jamais fait a persone][3].

1. Ici les mots *le Roy a fait pre* rayés.

2. Ici les mots *il y a* rayés.

3. La phrase entre crochets est rayée *au crayon rouge*, et par-dessus *à l'encre*. Voir pour cette particularité la Notice préliminaire.

Ainsi a finy la journée. Le 22 au matin[1] le Sᵣ Boutilier
Sre destat, et le Pere Josef Capucin sont alés voir[2] Mᵣ de
Loraine, et ont demeuré 2 heures auec pour quelques
petites dificultés qui restoint et pour resoudre le temps
que les troupes du Roy pouuoint entrér. Ledit Duc a de-
mandér danuoyiér querir le Sᵣ Janin Sre destat de Loraine qui estoit dans la ville ; on la enuoyié querir ausi
tost, et n'est venu que 5 heures apres. Cepent (*sic*) le
Duc est venu voir le Roy ou il a esté vne heure, ou on
luy est venu dire que Jeanin estoit venu ; il[3] sortit ausi
tost pour aler a son logis, ou il fut enferme 2 grosses
heures auec le dit Jeanin. Cependant on donna auis de
plusieurs costés a Sa Masᵗᵉ que le Duc auoit quelque de-
sain de sechapér la nuit, mesmes a ce que lon a seu depuis on le croyoit dans la ville[4], ce que Sa Maste ne creut,
mais pour euiter tout mauuais auenement il comanda
que fit[5] bonne garde dans[6] le Cartier, qui est lordinaire,
et quelques oficiers du Regᵗ des gardes eurent ordre de
se promener autour du logis, de peur que si Mᵣ de Loraine eust voulu sortir la nuit, les sentinelles ne luy fisent
quelque mauuais tour, de quoy le Roy eust esté au de-
sespoir. La nuit ce passa comme cela. Le lendemain 23
le Duc dormit jusques a 10 heures. Des qui fut cueile le
Cardᵃˡ Duc lala voir, pour lasurér sur les bruis qui auoit

1. *Au matin* en interligne.

2. Ici le mot *le* rayé.

3. Ici le mot *est* rayé.

4. Ce dernier membre de phrase en interligne.

5. *Fit* en interligne.

6. Ici les trois mots *bone garde qui* rayés.

couru qui se vouloit sauuer[1], que le Roy nen auoit rien creu, et que pour montrer quil nestoit point aresté et que il estoit libre, si il vouloit sen alér quil le pouuoit faire, que sa Mas[te] le feroit conduire surement dou il est venu[2], veritablement quil eust extremement fache sa Mas[te] si il eust fait[3] vn trou a la nuit, de quoy toute leurope se fut moquée, ce qui auoit obligé le Roy a faire la mesme garde dans son cartier quil a acoutumé en temps de guerre, qui est tres exacte, et comande a quelques oficiers de se tenir prests de son logis de peur quil ne luy aruast (*sic*) quelque acidant comme jay dit cidessus. Quand le Card[a] D fut sorti Mr de Loraine ala a la messe puis retourna diner ; la garde fut toujours fort exacte dans cartier (*sic*). Lapres dinée[4] on croyioit entrer dans Nancy, mesmes les troupes furent comandées, cependant vne forte partie de[5] la journée se pasa en alées et venuues (*sic*) du Sr Jeanin ches le Card[al] D, et ausi que le Duc dit que ses troupes ne sortiroint point de Nancy sans vne certaine marque quil leur auoit donnee, et pour cet efec il enuoya vn de ses valets de Chambre en qui il se confie, dans Nancy pour faire venir parler a luy le S Driguet[6] lieutenant de ses gardes, qui porta lordre douurir le lendemain matin les portes aux troupes du Roy[7]. Et entrerent des soir (*sic*)

1. *Sauuer* en interligne.

2. 38 mots également rayés *au crayon rouge*, et par-dessus à *l'encre*. Voir la Notice.

3. *Fait* en interligne.

4. Ici les mots *le S[r] Je* rayés.

5. Ces 4 mots en interligne. Le Roi avait écrit d'abord : *toute la journée*.

6. Lisez : *de Riguet*.

7. Ici le mot *cependant* rayé.

les Mar ᵃᵘˣ des logis du Roy, auec le Sʳ de Miromont Capᵘᵉ au Regᵗ des gardes, lequel manda le matin au Roy que la garnison de la ville sortiroit a 8 heures du matin par la porte Sᵗ Jean, et que ceux du Roy entreroint a 9 par les portes Sᵗ Nicolas et Sᵗ George, ce qui a este executé en la forme qui sen suit. Premierement le Marquis de la Force Mᵃˡ de Camp, est allé auec 500 cheuaux au bout de letan pour conduire la garnison ; ils sont donc sortis la caualerie la premiere, au nombre de 230[1], et linfanterie apres composée de 2310[2], lesquels ont esté conduits par le dit Marquis proche de Roziere ; apres est entre le grand preuot et ses archers[3] par la porte Sᵗ Nicollas le Duc de la Valette colᵑᵉˡ de l'infanterie auec 8 compⁿⁱᵉˢ des gardes, qui sont alées tout droit prendre posesion de la vieille ville ; suiuoict apres, le Sʳ de Chasteliér Barlot Marᵃˡ de Camp a la teste de 6 compⁿⁱᵉˢ des gardes, qui ont pris la porte Sᵗ Nicolas et la grande place de la nouvelle vile. A mesme temps Mʳ du halier Mᵃˡ de Camp entroit par la porte Sᵗ George auec 6 compⁿⁱᵉˢ de Suises, et a garni la porte et les bastions de main gauche[4] jusques a la porte Sᵗ Nicolas ; apres est entré[5] en Suite de Mʳ de Chastelier, le Conte de la Suze a la teste de 12 compagnies du Regᵗ de Picardie, qui se sont saisis de la porte Sᵗ Jean et des bastions[6] entre la dite porte et celle

---

1. Le chiffre 230 au crayon gris.

2. Le chiffre 2310 également au crayon gris.

3. Ces six mots en interligne.

4. Ces trois mots en interligne.

5. Ici les mots *par la porte* rayés.

6. Ici les mots *jusque a la porte Sᵗ Nicolas* rayés.

de St Nicolas. Comme le Duc a seu que tout estoit exe-
cute il est venu voir le Roy qui luy a[1] fait grandes Caresses. Le Roy ny a pas esté couché la premiere nuit et
ny est entre que le lendemain 25[2], ou estant pres de la
Chapelle de bon secours, Le Card[al] de Loraine est venu
audeuant de luy asisté du Marquis de Mouy, et de plusieurs autres gentilshomes Lorains. De la le Roy est alé
a son logis[3], pour donner prontement ordre a lexecution
dicelui[4].

Du Camp de Nancy[5].

Le Card[al] de Loraine partit dicy dimanche dernier pour
retourner trouuer son frere, et est reuenu ce matin 7me [6]
du mois. Cette apres disnee Il a esté deux heures enferme auec sa Ma[té] et M[r] le Card[al] sur quoy lon ne peust
encor rien asseurer de la paix ou de la guerre, cela estant
encor Incertain[7]. Le Roy ne se contentent pas dauoir
reconnu les postes auantageux[8], a voulu tracer luy mesme tous les fors et les lignes de la circonualation du

1. *A* en interligne.

2. 25 en interligne.

3. Ici le mot *on* effacé.

4. Folios 1 bis à 5 du manuscrit. La pièce est étiquetée de la main
d'un secrétaire : *M. touchant le Traicte faict a Charmes par
Monseig[r] le Card de Richelieu.* Comparer avec la pièce 20 de la
Guerre de Trente-Ans en Lorraine.

5. Dans l'ordre chronologique, ceci aurait dû venir avant la pièce
qui précède.

6. Le Roi avait d'abord écrit : 6me.

7. Toute cette phrase est écrite de la main du secrétaire Lucas (?)
dans un vide laissé par le Roi.

8. Ces dix mots en interligne.

camp[1] et pour cet efect il y a 2 jours quil sort de son
cartier a 5 heures du matin et ny rentre que a nuit fer-
mante. Ceux de la ville comance a tirer quelques mousquetades a ceux qui saprochent trop pres et mesmes ont
blessé quelques soldats.

La nuit passée 6[2] il y eut grande alarme dans la ville :
ils tirarent (*sic*) quantite de mousquetades, ce qui obligea
tous nos cartiers a se tenir en armes vne bone partie de
la nuit.

Le Roy separa ier les[3] cartiers. Le Cartier du Roy, ou
comande sous sa Mas[te] Le Mar[al] de la Force, qui fait les
lignes et fors[4] depuis la Malegrange jusque a lopital ;
M[r] de S[t] Chaumont depuis la Malegrange jusques a la
riuiere vers Donbline ; M[r] de Vobecourt depuis lopital
jusques a vn vilage apele Lachou ou est son cartier[5] ;
M[r] Darpajon[6] depuis Lachou sur le haut des montagnes[7]
jusques au desus[8] de Maxeville[9] ; M[r] le de Nelle (*sic*)[10] depuis au desus de[11] Maxeuille son cartier jusques proche
champigneule, ou comance le Cartier de Mr de Chaste-
liers barlot, qui va jusques au bort de la riuiere aude-

1. Ici les mots *ne sestant* rayés.

2. 6 en interligne.

3. Ici le mot *trauaux* rayé.

4. Les deux mots : *et fors,* sont une addition en interligne.

5. Ces 4 mots en interligne.

6. Ici les mots *ou est son cartier* en interligne, rayés.

7. Ces 5 mots en interligne.

8. Ces 2 mots en interligne.

9. Ici le mot *ou* rayé.

10. Ces 4 mots en interligne.

11. Ces 3 mots en interligne.

soubs de Nancy, ou de lautre coste comance le trauail de M[r] le marquis daluy, qui va sur la montagne jusque au desus de St Max, ou est celuy de M[r] du halier, qui acheue la montagne ; puis M[r] le Marquis de la Force, depuis le pied de la montagne jusque au bort de la riuiere, proche Donbline, ou ce fait le pont de bateaux. Toute ceste circonualation peut auoir 4 lieues de tour, et espere ton que dans trois semaines pour le plus tart tout sera acheue, il y (*sic*) tous les jours 6 mil soldats au trauail et de plus[1] le Roy a enuoyié querir[2] 800 Riselois et 4 cens vignerons sur la riuiere daube[3], qui sont excelants pour remuer la terre. Il nous ariue tous les jours des troupes nouuelles, et croit[4] on que dans 17 jours larmée sera composée de 30 mil hommes de pied et 4[mil] cheuaux[5].

Du Camp de Maniere ce 19[me 6].

Nous somes campés a vne heure des enemis qui se tiennent clos et couuerts dans leur Camp, au quel il sont tres bien retranches auec 4 grans fors au 4 principales

1. Ces 3 mots en interligne.

2. *Querir* en interligne.

3. Ces 9 mots en interligne.

4. Le Roi avait écrit d'abord : *espere*.

5. Folio 7 du Manuscrit. La pièce est étiquetée de la main d'un secrétaire : *Memoire dans lequel les forts et redoutes sont nommez. Auquel on peut auoir affaire. Du camp de Nancy xij* 7bre 1633. Comparer avec la pièce 20 de la *Guerre de Trente-Ans en Lorraine*.

6. Le Roi avait écrit d'abord : 20me. C'est le 19 septembre 1635. Voir la pièce 77 de la *Guerre de Trente-Ans en Lorraine* (la Notice).

auenues[1]. Nos espions raportent que la necessite de Viures y est grande[2], le pot de vin y valant 8 liures barois,
et le pain 6[5] sols la liure ; ils nont point de fourage pour
leurs cheuaux, qui se monte a 120 mil (*sic*) cheuaux de
bagage. Deux Reg[ts], lun ditalaliens (*sic*), l'autre dale-
mans, se batirent pour du fourage, et en demeura 50 sur
la place. On ne croit pas quil puise subsister long temps
dans leur Camp.

Le Chasteau de Moyien est asiégé depuis cinq jours[4]
nouuelles viennent de venir quil capituloient.

Nous y auons perdu le Major de Normandie, et vn
Cap[ne] de Vobecourt. Il ariua ier dans nostre camp vn
conuoy de Viures pour 16 jours, conduit par le S[r] de
Fontenay Mareuil[5] Mar[al] de Camp.

Du Camp de St Dizier ce 21[6].

Le Roy ariua ier icy en tres bonne sante ; il fit en ve-
nant de Vitry la reuue de la Noblesse danjou, le Maine,
Cottantin, Auserois, Vexin, Montargis, Gien et[7] Chateau
neuf en timerais, laquelle se monte a 1000[8] Cheuaux fort
bons ; nous attandons demain celle de Touraine, Orleans,
Chartres et Bas Poitou, la quelle toute ensemble se monte
a 900 Cheuaux. Il y a auec Mr de Vobecourt, qui se join-

1. Ces 14 mots en interligne.
2. Ici les trois mots *dans leur Camp* rayés.
3. Le Roi avait écrit d'abord : 4.
4. Le Roi avait écrit d'abord : *se rendit ier apres sestre.*
5. *Mareuil* en interligne.
6. C'est le 21 septembre 1635.
7. Le mot *et* est en marge.
8. Le Roi avait écrit d'abord : 1200.

dra dimanche au Roy[1] celle du Haut Poitou, Lionnois, Forets et Beaujolois[2] dauuergne et Bourgogne, qui se monte a 1800 Cheuaux. Outre ce que desus nous auons 3000 Cheuaux de Comp[nies] Reglées, lesquelles sont tres bonnes, et 14 mil hommes de pied. Outre encor[3] ce que desus, on attent[4] dans 4 jours, la noblesse de Limouzin, Bery et la Marche[5] ; et il vient dariuér nouuelles que les douze mil suisses seront a Langres le 26me de ce mois et quils sont proche de Dijon[6].

1. Ces 6 mots en interligne.
2. Ces 4 mots en interligne.
3. *Encor* en interligne.
4. Ici le mot *encor* rayé.
5. Ici les mots *bref uoila* rayés.
6. Folio 11 du manuscrit.

NANCY, IMPRIMERIE DE A. LEPAGE, GRANDE-RUE, 14.